MIX
Papier aus verantwortungsvollen Quellen
Paper from responsible sources
FSC® C105338

Reinhold Tebtmann

Dallos Gereimtheiten

Zum Buch

In diesem Buch findet man Sprüche, kurze Gedichte und Klugscheißereien zu vielen Lebenssituationen.

Zum Autor

Reinhold Tebtmann, geboren 1949 in Münster, schreibt seit etwa 50 Jahren Liedertexte sowie lustige und kritische Gedichte.

Reinhold Tebtmann

Dallos Gereimtheiten

Für alle
Maulhelden
Neunmalkluge
Dummschwätzer

Bibliografische Information der Deutschen Nationalbibliothek:
Die Deutsche Nationalbibliothek verzeichnet diese Publikation
in der Deutschen Nationalbibliografie, detaillierte bibliografische
Daten sind im Internet über http://dnb.dnb.de abrufbar.

©2019 Reinhold Tebtmann
Herstellung und Verlag: BoD – Books on Demand, Norderstedt.

ISBN: 978-3-7412-1019-8

Inhalt

Menschliches und Unmenschliches	011
Glaube und Unglaube	047
Freunde und Feinde	055
Junge und Alte	093
Familie und Nachbarn	103
Leben und Sterben	121
Liebe und Hass	173
Dies und Das	203
Die ersten Gereimtheiten (1962-1965)	285

Menschliches und Unmenschliches

Menschen haben Angst vor Schmerzen

Besonders schmerzen die im Herzen

Das Beste an den Schmerzen ist

Dass man sie irgendwann vergisst

Das Schlimmste an den Schmerzen ist

Die Angst – dass man den Grund vergisst

Manchmal geschieht mehr als des Menschen Wille

Manchmal passiert es durch des Teufels Brille

Manchmal erweckt man zum Leben die Toten

Weil man dem Teufel die Stirne geboten

Manche werden zum Helden erkoren

Weil sie mit wichtigem Namen geboren

Zum Helden wird wer trotz Angst mit Mut

Zur richtigen Zeit – immer das Richtige tut

Manchmal – wenn ein Scheitern unausweichlich scheint

Manchmal - wenn dein Verstand von Herzen weint

Manchmal – wenn die Seele um Hilfe schreit

Manchmal – dauert Trauer eine Ewigkeit

Manchmal – ist es zu leicht zu verzagen

Manchmal – ist es zu leicht laut zu klagen

Manchmal – musst du einfach Dinge ertragen

Manchmal – musst du ein neues Leben wagen

Stehst du am Abgrund - mit dem Rücken zur Wand

Oder bist du im Flugzeug – ganz ohne Pilot

Hat dich ein Tatzeuge wiedererkannt

Sitzt du in einem Flüchtlingsboot

Scheint der Albtraum des Lebens dich auszulachen

Dann wird es Zeit endlich aufzuwachen

Ich schaue zurück auf ein gutes Leben

Ich hab immer die Menschen geliebt

Meistens war es Nehmen und Geben

Ich war nie der den man liebt

Meist gab ich alles für alle

Oft sehr viel mehr als gewollt

Mein Leben tappte in manche Falle

Doch blieb mir mein Glück immer hold

Der Mensch hält viel von reiner Wahrheit

Denn Lügner sind für ihn ein Graus

Er will Ehrlichkeit und Klarheit

Und hält nur das Wahre aus

Der Mensch hält Lügner für erbärmlich

Doch Wahres darauf kannst du wetten

Wahres ist auch manchmal ärmlich

Und Lügen können Leben retten

Rechtspopulistische Naziparolen

Hirn hat Menschenrecht abgetrieben

Es lohnt sich nicht - sie zurück zu holen

Ihre Hirne sind in der Pubertät geblieben

Kämpft nicht um sie - hört nicht ihr Wimmern

Lasst ihn furzen den braunen Schwarm

Riecht einfach nur an ihren Stimmen

Sie kommen tief aus dem Darm

Am Morgen - wenn ich früh erwache

Dann taste ich meinen Körper ab

Es ist sinnvoll was ich mache

Ich prüfe ob er Leben hat

Ich weiß doch nicht was ich mal spür

Wenn ich nicht mehr am Leben bin

Hat man denn ein Gespür dafür

Oder einen letzten Sinn?

Ich habe nach meinem Belieben

Die Nachkommen a priori abgetrieben

Nie mehr werde ich Nachkommen bekommen

Hab mir die Fortpflanzungsfähigkeit genommen

Und wenn ihr glaubt ich wär dann eher geneigt

Wenn ihr mir euer lachendes Baby zeigt

Habt ihr mein Leben nicht verstanden

Babys können bei mir nicht landen

In Lügde war es - auf dem Camping Platz

Wo lang schon die Kinderficker wohnten

Da gab man gern seine Kinder ab

Weil die Behörden es entlohnten

Ämter bezahlten Kinderschänder

Um Aufsichtspflichten zu entgelten

Kinder missbraucht als Freudenspender

Ich frag mich: "Wer verklagt die Eltern"

Ein Mensch - vom Leben keinen Schimmer

Denkt weil er sich um sich selber dreht

Es dreht sich alles nun für immer

Um ihn und seine kleine Welt

Dieser Mensch wird nie verstehen

Das – was er für seine Mitte hält

Hat's schon milliardenfach gegeben

Jede als Mittelpunkt dieser Welt

Gestern hab ich mich betrunken

Heut wirkt er noch - der Alkohol

Morgen werd ich noch tiefer sinken

Mit Sex und Drogen und Rock'n'Roll

Das Besondere wird alltäglich

Das Beste wird zur Normalität

Hirne und Herzen versagen kläglich

Wenn das Besondere zum Alltag wird

Ich war nicht verantwortlich für ihren frühen Tod

Ich war verantwortlich für ihr gutes Leben

Manche behaupten dass ich sie betrog

Sie liegen natürlich daneben

Besserwissende gibt es immer

Die Welt sollte sich nur um sie drehen

Den Anderen zu verleumden wird legitimer

Wenn sie selber dadurch etwas besser aussehen

Niemand ist Niemand - jeder ist schön

Ist die Würde tastbar wird sie vergehen

Die Meinung ist frei – so frei wie die Hetze

Wahres wird Lüge und Lügen werden Gesetze

Menschlich heißt freundlich – tierisch heißt brutal

Religion ist friedlich – Kinder haben keine Wahl

Der Sport ist gesund – das sagt kein Athlet

Doch nett zu sein - ist immer noch nett

Manuel ist als Mensch der nette

Den man als Schwiegersohn gern hätte

Doch in seinem Stadion – das ist wahr

Wird Manuel ganz plötzlich unberechenbar

Im Rudel ist Manu eine Marionette

Schnell vergessen ist die Etikette

Wer anders denkt muss ins Lazarett

Manuel ist ein menschliches Plumps Klosett

Ob Jolie oder Fonda - ob Paltrow oder Streep

Ich klag euch an ihr habt es mit verschuldet

Ihr habt verschwiegen was Weinstein trieb

Und das Leid vieler Frauen geduldet

Ihr habt all die Jahre um nichts zu sehen

Die Augen verschlossen vor Harveys Gewalt

Ihr seid nicht Opfer sondern Teil des Systems

Ihr feigen Mitläufer der traurigen Gestalt

Politische Wahrheiten durch alternative Fakten

Moral ist schon seit Gerhard Schröder perdu

Kategorischer Imperativ in keinen Akten

Was du nicht willst füge anderen zu

Bayern-Theater mit politischen Idioten

Spielt das Drama: „Mehr Schein als Sein"

Die Nationalisten sabbern bei Despoten

Fühlen sich im Arsch von Demagogen daheim

Dies ist für Nazis und kluge Leute

Nie war die Welt so friedlich wie heute

Noch niemals wurden die Menschen so alt

Und noch nie starben weniger durch Gewalt

Niemals haben weniger Menschen gehungert

Die Deutschen wurden noch nie so bewundert

Du jammerst: „Aber es nicht perfekt"

„Dann tu was" sage ich mit Respekt

Herr Mendelssohn war im KZ – seine Familie auch

Untermenschen lebten so – das war damals Brauch

Mendelssohn überlebt die Hölle – die Familie nicht

Leben war für Juden Glück – Sterben ihre Pflicht

Nachkriegs-Deutschland – besiegt und verlogen

Wir wussten doch nichts – man hat uns betrogen

Verbrechen geschahen in unserem Namen - und

Wir zahlten doch Entschädigung

Der Jude Shmul ist im KZ

Wo tapfere Arier ihn behüten

Ein Ort wo Leiden Tod und Dreck

Und auch die tapferen Arier wüten

Geläutert meint der Arier dann

Ich entschädige nun für euer Leid

Jeden der mir Leiden beweisen kann

So wurde Shmul von seinem Leid befreit

Manche Menschen die laut weinen

Tun dies nur um dann in deinem

Fokus größer zu erscheinen

Nur Gejammer - will ich meinen

Und ich bin mit mir im Reinen

Dieses Weinen zu verneinen

Wenn du mich liebst – ertrag es

Wenn du mich hasst – beklag es

Frag niemals - woran lag es

Dein Problem – zerschlag es

Wenn du mich eines Tag·es

Verlassen willst dann sag es

Mir niemals – glaub mir – wag es

Dann stirbst du – ich vermag es

Du bist die Frau mit den schönsten Beinen

Aus deinen Augen strahlt es wie Azur

Ebenmäßig will dein Antlitz scheinen

Wie von Michelangelo deine Figur

Haare wie ein Engel - Zähne wie Elfenbein

Immer fröhlich und eine Bombe im Bett

Wer Dich sieht – sieht einen Edelstein

Leider so dumm - wie ein Brikett

Wir mochten uns selten – eigentlich noch nie

Doch plötzlich lagen wir alleine am Strand

Ich kann lieben – hassen konnte ich nie

Und so geschah es im heißen Sand

Keiner von uns der darüber spricht

Wir meiden heute noch heißen Sand

Wir mögen uns jetzt aber lieben uns nicht

Es blieb für uns beide ein One-Night-Stand

An manchen Tagen – das muss ich dir sagen

Fällt es mir schwer dich zu verstehen

Noch schwerer ist es zu ertragen

Dir völlig hilflos zuzusehen

Ich frage mich heut - was kann ich tun

Kann ich noch irgendwas gestalten

Wär es denn für dich opportun

Dich vom Saufen abzuhalten

Ob Dietrich Bonhoeffer ob Geschwister Scholl

Ob Georg Elser oder auch Julius Leber

Auch Claus Schenk tat nicht was er soll

Und auch Willi Graf und Kurt Huber

Attentate auf Nazis sind Heldentaten

Lob würd sich heut über jeden ergießen

Hätte er damals nur einen Nazi verraten

Warum darf ich heut keinen Nazi erschießen

Heut hab ich einen Termin im Seniorenstift

Es kommt ein Schriftsteller zu Besuch

Er liest Gedichte aus seiner Schrift

Und er signiert auch sein Buch

Der Autor macht sich nun bereit

30 Augenpaare schauen auf den Mann

Gespannte Stille macht sich jetzt breit

Ich nehme mein Buch und fang zu lesen an

Mich zerreißen die Därme

Schon wieder zittern die Hände

Innere Werte quälen mich gerne

Manchmal sehne ich mich nach dem Ende

Tief in mir wütet ein Feuer

Nicht pissen können ist eine Qual

Meine Prostata wird zum Ungeheuer

? Und Ihr wollt dass ich ZIELE am Urinal ?

Die Zahnärztin hat mich verlassen

Sie hat ganz plötzlich Schluss gemacht

Ich war Privat und kein Freund der Kassen

Drum hatte ich an Trennung auch nie gedacht

Wir waren 40 Jahre zusammen

Sie war die Starke von uns Beiden

Gute Zeiten – ich will nicht jammern

Doch von uns Beiden - wird nur einer leiden

Manchmal bin ich resigniert

Im Populismus unserer Zeiten

Bin ich der – der Geduld verliert

Und das Vergnügen sich zu streiten

Keine Lust auf eine Meinung

Auch Diskussion ist mir zuwider

Der Populismus der Verneinung

Bringt uns die braune Scheiße wieder

Ich bin nicht verantwortlich

Ich hatte nichts damit zu tun

Zieht doch endlich einen Strich

Lasst die braunen Zeiten ruhen

Das ist alles lange her

Macht nicht so einen Zinnober

Keiner erinnert sich heute mehr

Denkt lieber an Goethe – oder ?

Sie denken nur das Rechtsextreme

Haben auf jeden Fremden Wut

Demokratie versinkt in Häme

Gewaltiges Gedankengut

Unsere Arier und ihr Fight

Gegen die böse linke Szene

Zur Unterstützung stets bereit

Sind Polizei und Rechtsextreme

Hart trifft es mich – das harmlose Wort

So spitz und scharf wie ein Schwert

Belastet mit einem falschen Akkord

Und einem versteckten Wert

Tief eingebrannt - die Waffe ist tödlich

Ein Wort mit Beziehungsgeschichten

Wissen macht keine Antwort möglich

Solche Worte wollen vernichten

Graf Stauffenberg – ein strammer Nazi

Und treuer Offizier der Arier-Rasse

Geboren in Bayern war der Bazi

Teil der Übermenschen-Klasse

Als Adolf seinen Krieg verlor

Verlor der Oberst Auge und Hand

Er blieb zwar ein Nazi - nach wie vor

Doch diente der Held nun im Widerstand

Glaube und Unglaube

Manchmal denke ich – wenn sie es erlauben

Es wär doch so einfach an Gott zu glauben

Am nächsten Tag denke ich wiederum

An Gott zu glauben ist einfach dumm

Dann denk ich wäre ich Gott geworden

Allwissend hätt ich gewusst dass sie morden

Und meinem Namen missbrauchen in Massen

Ich hätte sie WISSEN statt GLAUBEN lassen

Kirche ruft erfreut "Willkommen"

Lasset die Kinder zu mir kommen

Ihr Schutz gehört zu unseren Pflichten

Vor anderen schlimmen Bösewichten

Kinder soll man ehrlich lieben

In der Bibel steht's geschrieben

Etwas Missbrauch stört doch nicht

Meint unser "Kirchliches Strafgericht"

Ich bin doch nur ein kleiner Wicht

Mein Gehirn – von Gott gemacht

Hat dies Gedicht

Sich ausgedacht

Nichts geschieht was Er nicht weiß

So glaubt man – wenn man glaubt

Ich frage mich leis

Ist denken erlaubt

Der Heilige Stuhl sitzt in der heiligen Scheiße

Er fummelt an Kindern und Nonnen herum

Fromme Seelen - warme und heiße

Genießen dieses Martyrium

Lüstern und geil in der Kutte des Schweigens

Immer bereit für die göttlichen Triebe

Gesegnet seien die Früchte des Leidens

Nur Gott faselt wieder von Liebe

Beten hilft sagte der Pfarrer

Da habe auch ich zu Gott gefleht

Doch wurde mir dann sehr viel klarer

Gegen Gottes Personal hilft kein Gebet

Ein Pfarrer betet und ein Kind

Doch hielt Gott dem Kind entgegen

Ich helfe nur denen die unschuldig sind

Darum bekommt mein Pfarrer den Segen

Freunde und Feinde

Die Menschen die mir wichtig waren

Die hörten mir nicht zu

Die anderen die freundlich fragten

Ließ ich mit mir in Ruh'

So schließt sich meist ein perfekter Kreis

Aus vielen Hoffnungen die zerrinnen

Ein Kreis von dem ich heute weiß

Außen trifft niemals Innen

Nach einer Zeit die schlimm war wie nie

Fragt mich ein Freund: Wie geht es dir

Wirst du die Zukunft willkommen heißen

Ich sage zu ihm: Mir zittern die Knie

Trotzdem fühle ich ganz tief in mir

Ich könnte Bäume ausreißen

Einst hatte ich einen guten Freund

Ich hätte mein Leben für ihn gegeben

Doch hatte ich wohl zu viel geträumt

Und wusste etwas zu wenig vom Leben

Freunde sagt man erkennst Du in Not

Doch die Erkenntnis habe ich versäumt

Ich glaub ein Freund ist nicht mehr als Gott

Und Gott ist ein Märchen und nur geträumt

Mein Freund ich hab mich nie getraut zu fragen

Mein Freund ich weiß nicht was dich trieb

Mein Freund warum musstest du mir sagen

Dass die Liebste mich nicht mehr liebt

Du hast mich aus dem Leben gestoßen

Du sagtest mir: "Ihr Misstrauen ist wach"

Den Satz hast du durch mein Herz gestochen

Dann meintest du noch: "Denk mal drüber nach"

Ich weiß eigentlich gar nicht so viel von dir

Meinte mein bester Freund einst zu mir

Ich dachte an unsere Zeiten zurück

Sah ihn an mit fragendem Blick

Du hattest alle Möglichkeiten

Mich zu kennen wie keinen Zweiten

Mein Freund wenn Interesse dich trieb

Lies die Lieder die meine Seele dir schrieb

Wir waren zusammen – und danach getrennt

Und plötzlich nicht einmal mehr Bekannte

Das Beste an dir war der neue Freund

Ein Mensch wie ich ihn nie kannte

Deinen Freund hätt ich gern zum Freund gehabt

Mein Leben wäre dadurch reicher gewesen

Leben zeigt nur die Chance die man hat

Doch die Realität scheitert eben

Mein lieber Freund – du wolltest die Wahrheit

Du wolltest Ehrlichkeit – du wolltest Klarheit

Du sagtest mir: „Wahrheit muss man ertragen

Und mir kann man immer die Wahrheit sagen"

Und heute belegst du mich mit Kontaktverbot

Nur weil ich sagte: „Du bist ein Idiot"

Das Beste im Leben ist nicht die Liebe

Liebe ist nur ein schönes Märchen vom Glück

Manche nehmen ihre zerbrochene Liebe zurück

Das Beste im Leben ist Freundschaft

Freundschaft heißt Vertrauen und Respekt

Keiner will eine gebrochene Freundschaft zurück

Ich leb wie im Paradies und bin alt und grau

Hatte 100 Geliebte und liebte nur eine Frau

Ich spielte Musik und schrieb wie im Fieber

Bücher - Gedichte – Märchen und Lieder

Ich liebe die Menschen all ihre Schwächen

Ich lerne sie kennen - in vielen Gesprächen

Du sagst zu mir: Ich verstehe dich nicht

Du willst – dass ich mich ändere für dich

Du meinst: Du bist nur ein Spiegel für mich

Ich sag: Fick dich - ich brauche dich nicht

Mein Freund – du hast meinen Weg nicht erkannt

Mein Freund – du warst der der mich retten sollte

Mein Freund – du warst für mich der starke Mann

Mein Freund – du warst da als ich sterben wollte

Mein Freund – du warst da als ich dich brauchte

Mein Freund – du bist der der mir nicht vergibt

Mein Freund – du weißt es noch nicht bis heute

Mein Freund – du warst der der mich dazu trieb

Ich weiß – ich war nie einer von euch

Ich weiß – ich war für euch nie gut genug

Ich weiß – denn ich hör die Verachtung noch

Ich weiß – eure Freundlichkeit ist nur Betrug

Warum solltet ihr mich heut plötzlich lieben

Ich bin noch der Gleiche tief in mir drin

Oder ändert sich das ganz nach Belieben

Nur weil ich heute erfolgreich bin

Die Menschen die sich Freunde machen

Und dann streng darüber wachen

Dass die sich nur nicht erlauben

Eigenen Meinungen zu glauben

Die werden – wenn sie Freunde brauchen

Die sie auch mal zusammen stauchen

Die mal mit neuen Ideen zünden

Nur Menschen – keine Freunde finden

Freund du prahlst gerne mit Taten

So wie wir es als Jugendliche taten

Du spielst die Rolle die du geschrieben

Vom Prahlen sind Lügen nur geblieben

Leben wie im Drama – du als Held

Ein Versager als Mittelpunkt der Welt

Man nennt ihn Dreifaltig und 1-2-3 hier isser

Klugscheißer - Sprücheklopfer - Besserwisser

Ein Freund sagt zum Freund: Sei bitte mein Zeuge

Wenn ich mit meiner Liebsten die Ehe eingehe

Zu unseren Freunden bitte ich: Schweige

Damit ich sie bei der Ehe nicht sehe

Gemeinsame Wege scheinen manchmal verschwunden

Dann fällt es sehr schwer auf ihnen zu bleiben

Manchmal schmerzen die gleichen Wunden

Ob ich schweigen fordere oder schweige

Nein - niemals würde ich von euch erwarten

Dass ihr andere Meinungen akzeptiert

Meine Meinung hat zu oft erfahren

Dass ihr sie nicht mal toleriert

Einen Schritt weiter gehen Eure Sinne

Nur noch Bestätigung bekommt Absolution

Der Schere im Kopf kann nichts entrinnen

Ein weiterer Schritt der Evolution

Nie habe ich Dank von dir gewollt

Doch Undank konnte ich nicht erwarten

Ein halbvolles Glas war für mich immer voll

Doch man verliert gegen gezinkte Karten

Ich hab dem Freund Obdach gegeben

Ich sagte ihm: "Fühl dich wie zu Haus"

Er fragt nach langer Zeit in meinem Leben

"Mein Freund - wann ziehst du endlich aus"

Ich weiß - einfach war ich für euch nie

Ich werd es niemals für Niemanden sein

Manchmal fehlt nur etwas Empathie

Auf harten Wegen ist man oft allein

Andere Sichtweisen können stören

So wird man schnell zum Außenseiter

Doch manchmal genügt es schon zuzuhören

I did it my way – und ich gehe so weiter

Du glaubst - Freunde sollten sich alles sagen

Ich frage dich: Was tust du Freunden an

Du sagst: Das müssen Freunde ertragen

Ich sag: Ich würde zerbrechen daran

Freundschaft ist wenn man vergisst

Freundschaft bleibt weil man verzeiht

Frühere Freunde werden grausame Feinde

Freundschaft ist Gleichgewicht - verschieb es nicht

Hey alter Freund – was war das für Musik

Die uns früh aus dem Elternhaus trieb

Keiner hörte mein: Erlöst uns bitte

Von Roy – Rex - Manuela - Gitte

Mich rettete eine Sensation: The Beatles

Bob Dylan - Who - Brian Jones - Eagles

Nicht alles war gut aber besser als zuvor

Ich hab noch heut die Musik im Ohr

Eines Tages – wir werden es noch erleben

Ist der Antisemitismus bei uns vorbei

Deutsche werden zufrieden leben

Und Deutschland ist judenfrei

Leben ist ein Berg den man allein erklimmt

Denn die Möglichkeiten sind vielfältige

Doch wenn der Bauch nur bestimmt

Lebt vielfältig nie der Einfältige

Wir fühlten uns lange wie Geschwister im Geiste

Mochten unsere Witze – waren weit Gereiste

Plötzlich war Deutungshoheit dein Privileg

Du warst wichtig und das WIR war weg

Ich habe dich geliebt und liebe dich noch heute

Manchmal bist du des Wahnsinns fette Beute

Weil es dein dominantes Ego nicht vermag

Hast du niemals "Verzeih mir" gesagt

Wir spielten in Paris und wir sangen am Pigalle

Wir tanzten auf Gräbern niemals als Rivale

Lange hab ich an Gemeinsamkeit geglaubt

Kreativität neben dir ist nicht erlaubt

Wenn wir reden ist es fast wie tiefgefroren

Wir Beide haben unseren Zugang verloren

Wir reden - doch wenn es tiefer geht

Spüre ich Abwehr und Aggressivität

Heut da habe ich Bekannte

Die ich mal beste Freunde nannte

Ich bin es von dem sie alles wissen

Auch mein Wissen werde ich nie vergessen

Jeder von uns der etwas sagt

Ist unsicher wie es wirken mag

Man kann nur lernen was man versteht

Trauer wird bleiben – der Schmerz vergeht

Wenn ich dich hasse mein liebster Freund

Geschieht das nur aus tiefer Liebe

Liebe ich dich mein guter Freund

Ist das nur eine weitere Lüge

Trotz alledem geliebter Freund

Gehe ich für Dich durchs Feuer

Ich gäbe mein Leben werter Freund

Für Dich wär mein Leben nicht zu teuer

Morgen bist du hier und ich weiß wie es geht

Ausführliche Tipps damit jeder sie versteht

Ob ich tapeziere oder Bücher schreibe

Tipps sind Messer im Eingeweide

Weil du alles kannst meinst du es sicher gut

Aber gut gemeint wandelt sich oft in Wut

Weißt du alles besser dann erwäge

Ratschläge sind auch Schläge

Nachdenklich sitze ich hier am Tresen

Ein guter Freund ließ mich im Stich

Ich vermisse sein offenes Wesen

Da fragt ein Fremder mich

"Geht es dir heute schlecht"

"Nein" sage ich auf seine Frage

Er meint "Dann ist doch alles recht"

Ich frag "Hilft ignorieren in jeder Lage"

Wer reitet so klug auf dem Besserwisser-Pfad

Es ist der Freund mit gut gemeintem Rat

Wir sehen uns im Jahr nur ein paarmal

Seine Erkenntnisse - transzendental

Er kann all deine Probleme lösen

Obwohl er nie in deiner Lage gewesen

Noch etwas lernte ich von ihm im Übermaß

Besserwisserei macht auch ohne Wissen Spaß

Urlaub mit Freunden war immer das Größte

Mit Freunden verreisen in neue Welten

Immer etwas das Interesse auslöste

Und böse waren wir uns selten

Plötzlich sind diese Welten still

Alles ist anders und alles ist schwer

Gerade war mein Leben so wie ich es will

Dann sagtest du: Wir mögen dich nicht mehr

Ihr bietet mir gerne an: Rede mit uns

Wir helfen immer mit Rat und Tat

Nur ist eure Hilfe nie umsonst

Euer Angebot immer delikat

Zu häufig vergessen wir dabei das Eine

Unsere Regeln sind nicht die gleichen

Eure Grundsätze sind nicht meine

Sie würden mir nicht reichen

Wieder hab ich Neues gelernt

Ich hätte es so niemals erwartet

Man hat mich aus einem Leben entfernt

Gemeinsame Zeiten vor langer Zeit gestartet

Nichtiger Anlass – ohne Belang

Genügte – um Schuld zu konstruieren

In einer Botschaft – ein paar Worte lang

Ließ man ein Leben vom anderen amputieren

Du wirfst mir einige Zeilen hin

Ich lese sie und muss traurig lachen

Du schreibst darin dass ich böse bin

Sag - warum wir nie darüber sprachen

Unsere Interessengemeinschaft

War niemals erfüllt von Harmonie

Beleidigt kündigst du unsre Freundschaft

Und hast vergessen – Freunde waren wir nie

Begreifst du es nicht

Es ist auch deine Pflicht

Sprich endlich über Populisten

Bekämpfe endlich die Rassisten

Wir machen sie als Demokraten

Zu frei gewählten Potentaten

Wählen ist deine Pflicht

Begreifst du es nicht

Lügen aus der Luft gegriffen

Stehen in der Welt und bleiben

Du hast noch immer nicht begriffen

Dass andere Menschen darunter leiden

Ich sag es dir nicht zum Vergnügen

Nur aus Gründen der Humanität

Das Wiederholen deiner Lügen

Relativiert die Realität

Bist du wieder verletzt mein Freund

Fühlst du dich wieder mal getroffen

Bist du gedanklich an der Front

Oder wieder nur besoffen

Bei all dem was ich schreibe und sage

Ist dein Niveau kein Ziel für mich

Stell dieses bitte nie infrage

Ein Gegner bist du nicht

Manchmal spüre ich Ärger

Aus Ärger wird manchmal Wut

Mein Zorn wird stärker und stärker

Wenn Freunde sagen: Wir meinen es gut

Sie fragen voller Mitleid

Sag uns: Warum lebst Du allein

Ich sage dann seit einiger Zeit:

Um nicht auf eure Art glücklich zu sein

Junge

und

Alte

Die Alterspyramide ist ideal

Meint der Politiker zum Wähler

Für sichere Renten ein starkes Signal

So wird der Politiker zum Märchenerzähler

Die breite Basis sei Sicherheit

Jugend trägt Alter - und die in Not

Politiker lügen denn sie wissen Bescheid

Die Pyramide bedeutet nur frühen Tod

Opas und Omas singen wieder "La – le - lu"

Und reden wieder über " Hosenmätze "

"Wo isser denn" - und "Du Du Du"

Werden wieder ganze Sätze

Wenn Alte in die Knie gehen

Nur noch auf Kinderstimmen hören

Und selbst "Brabbeln" gut verstehen

Gibt es wieder neue "Baby – Gören"

Damals mit vierzehn – wir fummelten herum

Gefühle so feucht - Gespräche so stumm

Gedanken unfrei – vom Sex besessen

Versprechen - sofort vergessen

Mit 14 an Titten mehr wollte keiner

Der Gedanke macht mich zum Träumer

Es war wie es war – so klebrig und feucht

Wer hat die schönen Träume verscheucht

Damals mit 16 – wir liebten mit Socken

Wichtig ist was ist feucht was ist trocken

Bezweifelst du dass du sie verwöhnt

Gut ist es wenn jemand stöhnt

Es ist nicht gut – und das ist gut zu wissen

Mädchen die nicht küssen wollen – zu küssen

Es ist niemals gut – und ist auch kein Spaß

Vermeintliche Liebe endet häufig im Hass

Mit 18 – geil wie Nachbars Köter

Fast so geil wie Nachbarin Petra

Keiner hat mehr über Frauen erzählt

Petra wusste alles – eine Frau von Welt

Später durfte ich mit den Jahren

Sehr viel von ihrer Erfahrung erfahren

Denn Petra hatte – worum ich sie beneide

Ihre Erfahrung aus den Häusern der Freude

Leise verschwindet Sex im Alter

Sex ohne Spaß bringt kaum noch Lust

Alles fällt schwer auch in den Büstenhalter

Steif werden die Glieder da wo es nicht muss

Den Höhepunkt erreicht der Stammtisch noch

Sex funktioniert zwischen Jung und Jung

Fatal wird es unter dem Ehejoch

Sex wird zur Götterdämmerung

Ich bin ein alter Mann mit Falten

Zukunft plane ich nicht mehr

Junge - sollten gestalten

Ihr Leben ist wichtiger

Schau ich auf mein Leben

Dann staune ich wie ein Filius

Hoffnungen waren mir nie gegeben

Doch das Leben schenkte im Überfluss

Familie und Nachbarn

Nie habe ich Liebe gefühlt für dich

Sagte der Sohn zu seiner Mutter

Und hüllte sich in Schweigen

Seine Familie die verrät man nicht

Sagte zum Jungen die Mutter

Und prügelte ihn weiter

Nie habe ich Liebe gefühlt für dich

Sagte die Tochter zu ihrem Vater

Und hüllte sich in Schweigen

Seine Familie die verrät man nicht

Sagte zur Tochter der Vater

Um sie erneut zu besteigen

Hallo Eltern ist euch klar

Ihr sollt nie an Kindern kleben

Seid immer für eure Kinder da

Bis sie ein eigenes Leben leben

Hallo ihr Kinder – macht euch klar

Ihr wollt doch ein eigenes Leben

Eltern haften nur noch da

Wo sie freiwillig geben

In diesem Haus bin ich der Boss

Ich bin der – der hier alles bestimmt

Ich schreibe vor was nicht darf und was muss

Denn mein Geschmack hat den sicheren Instinkt

Nur ich entscheide wer hier lebt - und auch wie

Nur ich bestimme wann die Vögel hier singen

Meinung der Anderen akzeptiere ich nie

Ich sage spring – ihr müsst springen

Sehr gerne würde ich meinem Vater danken

Für all das was er mir beigebracht hat

Gern würd ich der Mutter gedenken

Für Liebe und für Rat und Tat

Gern wäre ich dankbar gewesen

Für all die Fürsorge die ich erfuhr

Ich wäre bereit - ganz ohne Federlesen

Leider fehlt nur eines – ein guter Grund dafür

Manchmal bleibt es stehen mein Herz

Dann sehe ich die Bilder vor mir

Spüre wieder tiefen Schmerz

Fest verbunden mit dir

Kann nicht atmen und will nicht sehen

Nicht erfassen was damals geschah

Niemals durfte es geschehen

Du hast es zugelassen Mama

Ja ich weiß – du kannst nichts dafür

Ja ich weiß – du hast es anders gewollt

Ja ich weiß – du brauchst Hilfe von mir

Ja ich weiß – du nahmst den Mund viel zu voll

Nein – mein Schatz ich lieb dich zwar

Nein – doch nervte es immer wieder

Nein – heute sage ich dir klipp und klar

Heute holst du unser Kind aus der Kita

Mancher ist elendig genervt von seinem Kind

Mancher ist genervt nur weil sie geboren sind

Manchen nerven das Schreien und das Weinen

Und wie sie sich am Boden wälzen die Kleinen

Manchmal sind sie viel zu laut oder verstockt

Die Mädels sind zickig und die Buben verbockt

Menschen reden oft wie von Farbe ein Blinder

Nehmt sie doch einfach ernst – die Kinder

Ich bereue es mit Schmerzen

Ich gab der Mutter nie zurück

Was sie mir gab aus vollem Herzen

Sie formte Tag für Tag mein Glück

Ich vergaß in der gemeinsamen Zeit

Zu vergelten was sie mir gegeben

Ich war nicht wirklich bereit

Im Gefängnis zu leben

Liebe Freundin du hast mich gewarnt

Ich würde es noch bitter bereuen

Doch manche Mütter sind militant

Meiner konnte ich nie vertrauen

Für dich ist Familie ein Hort

Doch viele Mütter bereiten Qual

Irgendwann sind die Gefühle fort

Glaub mir - auch Tod ist sie mir egal

Der kranke Mann von nebenan

Bietet den Nachbarn Schläge an

Auch wenn er alt ist und vergreist

Und nicht mehr weiß was denken heißt

Lüstern sieht er in die Fenster

Er hat das männliche Geschlecht

Und meint: Ihr seht nur Gespenster

Ich bin ganz sicher – er hat Recht

Die Nachbarin zetert seit Jahren:

Ich höre Geräusche im Haus

Es ist nicht zu ertragen

Das hält keiner aus

Alle anderen im Haus

Nervt diese Mitbewohnerin

Sie sagen: Etwas stört durchaus

Und meist ist das die Nachbarin

Und wieder Blumen zum Muttertag

Blumenhändlern sei es gegönnt

Tapferen Müttern sei gesagt

Brüste raus - und stöhnt

Dein Mann will heut seine Belohnung

Auch deine Kinder wollen ein Lob

Gemalte Bilder als Verhöhnung

Und Männerhände sind grob

Die Eigentümer in meinem Haus

Beschließen sehr gerne Beschlüsse

Die Hausbewohner - sie lernen daraus

Dass man Nichteigentümer erziehen müsse

Besitz ist gottgegebene Macht

Und wenn es hilft glauben sie gerne

Göttlicher Beschluss wird hausgemacht

Und im Haus lebt man wie in der Kaserne

Oh mein Gott was habe ich nur getan

Ich lud den Club der jungen Alten

Zu mir auf meine Terrasse ein

Können wir uns unterhalten

Ohne etwas vorzubereiten

4 Weiber bei mir wie geht das bloß

Sie kommen und lachen schon von weitem

"Hey Dallo - wo wir sind ist die Hölle los"

Ich schwatze so gerne an meiner Hecke

Mit Nachbarn oder fremden Leuten

Gespräche an der Straßenecke

Über unser Leben heute

Gespräche mit Philosophen und Proleten

Den Besserwissern - den Verzagten

Doch werde ich um Rat gebeten

Geb ich ihn mit Unbehagen

Leben und Sterben

Ein Mensch der manchmal traurig ist

Und glaubt er sei nun Spezialist

Der weiß was Depressionen sind

Weil er einen Burn-out nimmt

Heilt Depression mit Intuition

Reiß dich zusammen das wird schon

So simpel und leicht ist die Indikation

Oh - sie ist tödlich - die Depression

Du Säufer was bildest du dir ein

Meint er und trinkt ihn leer den Wein

Dann fährt er schnell sein Liebchen heim

DU bist der Trinker wie kannst du es wagen

Antwortet er zornig auf meine Fragen

Nein ich trinke nicht beim Fahren

Als dann sein Leben ihm entfuhr

Da rief er - mit zwei Promille nur

Nein - niemals trank ich - wenn ich fuhr

Manchmal bilden sich Bilder im Kopf

Manchmal kommen sie tief aus der Seele

Hilflos presst sich dann dem armen Tropf

Ein entsetzlicher Schrei ganz tief aus der Kehle

Die Vergangenheit wirkt heute

Bilder – Geräusche – Gerüche – Gefühle

Der Teufel schickt heute erst seine Bräute

Die Panik – die Hitze – die Angst – die Kühle

Manchmal bin ich mir sicher – ich bin ein Held

Manchmal denke ich – ich muss es beweisen

Ich mach die größte Dummheit der Welt

Nur um mein Heldentum anzupreisen

Braucht man Helden frage ich dann

Helden werden die – die es nicht wissen

Zu wahren Helden – so der göttliche Plan

Werden immer nur die – die sterben müssen

Ich will euch sagen

Es hat sich so ergeben

Dies Leben hier mit euch

Ist nicht länger mein Leben

Denn ihr könnt meinem Leben

Keine Freude mehr geben

Alleine werd ich besser

Und schöner leben

Sollte ich morgen wider Erwarten erwachen

Ich bin alt doch gesund – es könnte sein

Werde ich es so wie immer machen

Ich werde vor Freude schreien

Mit 70 kann es täglich passieren

Schau dir doch die Todesanzeigen an

Mit 70 bist du ganz kurz vorm krepieren

Du weißt nur noch nicht ganz genau wann

Todesstrafe ist ein Verbrechen

Ein Staat darf sein Volk nicht töten

Todesstrafe muss man gnadenlos ächten

Verbrecherniveau ist dem Staat verboten

Wenn jemand mein Liebstes ermorden würde

Und ich würd mich danach an ihm rächen

Nähme sein Leben und seine Würde

Auch das wär ein Verbrechen

Das Leben ist meist relativ

An manchen Tagen lebe ich nicht

Doch manchmal fühle ich es intensiv

Dann zählen die Tage doppelt für mich

Leben erleben wenn wir leben

Nur halb zählt jedes Leidensjahr

Leben kann sich dem Leiden ergeben

Doch vielfach zählt es wenn es Liebe war

Ich lebe hier gern mit meiner Einsamkeit

Doch du bietest mit deiner Gegenwart

Mir immer wieder die Zweisamkeit

Das ist nicht meine Lebensart

Meine Einsamkeit ist meine

Sie gehört ganz alleine nur mir

Willst du etwas ändern nimm deine

Deine Einsamkeit gehört ganz allein dir

Die Wirklichkeit erkennt nur ein Autist

Der Rest sieht was das Hirn übrig lässt

WIR denken wir haben alles im Griff

Erkennen das Naheliegende nicht

Das Hirn zeigt nur was nötig ist

Viel schwerer hat es der Autist

Alle Eindrücke ungefiltert mit Gewalt

Wegen der Bäume erkennt er keinen Wald

Wer alles gibt nur um gesund zu leben

Wer immer nur meint verpflichtet zu sein

Wer nur darauf achtet das Beste zu geben

Wer immer kämpft um den heiligen Schein

Er hilft gefährdeten Pflanzen und Tieren

Es ist Perfektion nach der er strebt

Will Gott und die Welt optimieren

Er stirbt gesund und hat nie gelebt

Ich steh mitten im Leben - ich denke zurück

Erinnere die Träume und Vorstellung von Glück

Vor 50 langen Jahren waren große Träume da

Keinen dieser Träume machte mein Leben wahr

Lange vor den Träumen begann die Wirklichkeit

Realität kennt keine Träume sondern Tapferkeit

In Wirklichkeit erfüllen sich Träume leider nie

Manchmal lebt ein Leben nur in der Phantasie

Er liebt das Leben - ganz besonders seines

Dafür tut er alles – auch wenn es gemein ist

Er glaubt "Gut zu leben" ist sein gutes Recht

Er kann nichts dafür geht es anderen schlecht

Er glaubt nicht dass ein Leben so zerbricht

Nun ja – viel besser wusste er es leider nicht

Menschen konnten es lange sehen – auch wir

Teilt ihr nicht mit den Armen – teilen sie mit dir

Zweifele nicht wenn du an dein Leben denkst

Glaube immer dass nur DU dein Leben lenkst

Wasser streichelt dich solange du schwimmst

Doch Wasser tut dir weh - wenn du ertrinkst

Solltest du zweifeln dann versuche zu denken

Du musst nicht gefallen und Fahnen schwenken

Wichtig ist nur was du deinem Leben schenkst

Nur die Richtung muss stimmen in die du lenkst

The best is yet to come

No – no – no

The best is already over

The rest is yet to come

Yeah – yeah – yeah

It's getting closer and closer

Leben – solang es noch Spaß gibt im Leben

Denken – solang sich der Geist noch regt

Lieben – solang sich Gefühle bewegen

Träumen – eh die Hoffnung vergeht

Hassen – sobald die Liebe verfliegt

Lügen – wenn Wahrheit nicht reicht

Zerstören – wenn nur der Neid noch siegt

Sterben – wenn Leben aus dem Leben weicht

Wieder mal ein neues Jahr

Obwohl das alte gut erhalten war

Schaff ich es wieder – zum 70$_{sten}$ mal

Denn ab 70 ist sterben nicht unnormal

Ewige Zeiten meines Lebens

Sie festzuhalten ist vergebens

Jahre als Kind waren unendlich lang

Heut rinnen sie durch meine alte Hand

Jeder braucht Träume so wie Augen das Licht

Man sagt Menschen ohne Träume gibt es nicht

Was ist denn wenn all diese Träume erfüllt

Ob dieser Spruch dann immer noch gilt

All die vielen Träume in meinem langen Leben

Dass sie sich erfüllten hat mir Glück gegeben

Sie stehen als Träume nicht mehr bereit

Doch schenken heut Zufriedenheit

Manchmal wenn ich nicht mehr weiter weiß

Dann packt mein Leben mich in Watte

Manchmal bin ich noch morgens heiß

Von einer nächtlichen Debatte

Manchmal such ich nach dem Sinn im Leben

Doch weiß ich - dass ihn keiner fände

Der Sinn des Lebens IST das Leben

Vorsicht - es ist schnell zu Ende

Du weißt nicht wie Leben geht

Du hoffst dass du das Richtige tust

Weißt nicht wie man zu Fehlern steht

Und glaubst dein Schmerz wird einmal Lust

Auch wenn Du glaubst Du wirst zerbrechen

Und Deine Gefühle fahren Achterbahn

Musst Du mir in die Hand versprechen

Sei nie jemandem untertan

Wenn ich erwach in meinem Bett

Denke ich morgens - das ist nett

Ein neuer Tag in meinem alten Leben

Wer hat mir den weiteren Tag gegeben

Sei willkommen neuer Tag

Ich genieß dich so gut ich vermag

Nur der Teufel klatscht in die Hände

Er weiß mein Tag ist in 2 Stunden zu Ende

Ich hoffe wenn es zu Ende geht

Ist Zeit für den Abschiedskoitus

Wenn unsere Welt morgen untergeht

Ein guter Schampus passt zum Exitus

Sag dem Leben: Lass es krachen

Ich pflanze gern einen Apfelbaum

Sollten wir dann wider Erwarten erwachen

Dann träumen wir ihn nochmal - den Traum

Ich sage zu meinem alten Herzen

Mach dich bitte nicht so schwer

Lass dich bitte nicht so hängen

Ich sterbe sonst - ich schwör

Ich bitte dich mein Leben

Mach mir ein Happy End

Ich habe nur ein Abo

Bin nur Abonnent

Was habe ich für ein Glück zu leben

In diesen Zeiten "ICH" zu sein

Mein Leben hat alles gegeben

Ich werd ewig dankbar sein

Wär es nicht gut - ich würde träumen

Von einem Leben - so wie meines

Nie würde ich etwas versäumen

Es wäre immer ein feines

Manchmal sehe ich sie Hand in Hand

Wenn sie bei mir spazieren gehen

Winken freundlich und charmant

Wenn sie zu mir rüber sehen

Alte Menschen zufrieden und glücklich

Mehr hab ich für mich nie erträumt

Manchmal denk ich diesbezüglich

"Du hast es wohl versäumt"

Heut gibt es seltsame Gestalten

Poser wie Lindner - Kinder wie Nahles

Mit Reden die nur Luftblasen enthalten

Dem Glauben sie schaffen Monumentales

Stillstand ist für sie eine Tugend

Deutschland wollen sie nur verwalten

Das Beste sei für die Zukunft der Jugend

Dass sie ist wie die Vergangenheit der Alten

Trisomie 21 – plötzlich bleibt die Erde stehen

Wer will jetzt noch in die Zukunft sehen

Ärzte bewegen nur noch ihren Mund

Böse Worte wie "Behinderung"

Ist es erlaubt Mongölchen zu sagen

Soll man ihnen dieses Leben ersparen

Manche Menschen suhlen sich in Nöten

Doch sie würden auch gesunde Föten töten

Die meisten Menschen sind nur gestorben

Ermordete Soldaten sind immer gefallen

Die Liebenden haben ihre Lieben verloren

Vermisste sterben wenn Fristen verfallen

Viele erleben Trauer und Frust

Die Allermeisten sind tief betroffen

Manchmal ersetzen Orden den Verlust

Alle anderen müssen auf Götter hoffen

Euch allen eine tobende Kindheit

Voller Experimente und Abenteuer

Jahrzehnte voller Wollust von Leid befreit

Erfülltes Alter - nette Pfleger und Betreuer

Zeit läuft davon und wir vergehen

Das Leben auf dieser Erde ist kurz

Doch Menschen sollten lustvoll untergehen

In der Weltgeschichte sind wir nur ein Furz

Heut erwarte ich die Resi

Ich steh auf Busen Po und Beine

Es freut mich riesig denn ich seh sie

Beim Striptease ganz für mich alleine

Nicht anfassen - nur schauen

Ich bin alt und kenne die Welt

Doch zieht mich nichts zu alten Frauen

Und Resi ist jung - und braucht das Geld

Der Trainer sagt: Du bist zwar gut

Doch dir fehlt zum Siegen der Mut

    Er rechnet nicht mehr mit dir

    Und setzt dich vor die Tür

Und du schmeißt alles hin voller Wut

Doch nichts ist normal

    Du hast immer die Wahl

        Versuch es einfach nochmal

Die Traumfrau sagt: Du bist zwar nett

Doch fehlt dir die Qualität im Bett

    Sie setzt nicht mehr auf dich

    Sucht weiter Helden für sich

Du fühlst dich wie in der Pubertät

Doch nichts ist normal

    Du hast immer die Wahl

        Versuch es einfach nochmal

Dein Doktor meint: Du bist sehr krank

Doch bist du ihm teuer – Gott sei Dank

    Weil deine Krankheit strahlt

    Wird sein Ferrari bezahlt

Vom Sparschwein auf der Schlachtbank

Doch nichts ist normal

    Du hast immer die Wahl

        Versuch es einfach nochmal

Ja – ist das normal

Du hast keine Wahl

So ist es nun mal

Nichts ist normal

Du hast eine Wahl

Versuch es nochmal

Im Juli 2000 wollte ich nach New York

Im Thalys über schnurgerade Gleise

Erreichte ich schnell "Gare du Nord"

Paris war ein Teil meiner Reise

Im Flughafen endete es am Gate

Ticket vergessen ich kam nicht an Bord

Ein Fremder flog - ob dieser Banalität

Vom "Charles de Gaulle" mit meiner Concorde

Täglich erlebe ich die Liebe

Wache täglich mit einer auf

Wünschte dass er immer bliebe

Dieser niemals endende Liebeslauf

Große Liebe wird manchmal lau

Doch meine große Liebe endet nie

Täglich neu - und mit derselben Frau

Das ist interessant mit Prosopagnosie

Viele hoffen auf einen schnellen Tod

Doch nur wenigen ist er vergönnt

Viele leiden und haben Not

Im Schlaf sterben 5 %

Trotzdem stellt sich keiner darauf ein

Oder bereitet sich aufs Sterben vor

Und plötzlich ist man ganz allein

Übrig bleiben Arzt und Pastor

Niemals habe ich im Leben

Nicht einmal eine einzige Nacht

Und sicher wird es das nicht geben

In nicht gemachten Betten verbracht

Immer habe ich darauf achtgegeben

Jeden Morgen nach dem Erwachen

Als Starthilfe in meinem Leben

Meine Betten zu machen

Manchmal glaube ich - denke ich quer

Dann nennen mich einige: Querulant

Manchmal fällt das Leben schwer

Dann rufen sie: Du Simulant

Und manchmal will ich nur meine Ruhe

Dann schimpfen sie: Du Ignorant

Manchmal nervt dieses Getue

Dann werde ich militant

Noch heute schreck ich manchmal zusammen

Rieche wieder dein faulendes Fleisch

Gerüche die in Erinnerung kramen

Bleiben ewiger Liebesbeweis

Tote Augen die sich nicht verschließen

Schnarrender Atem der langsam vergeht

Berührungen nach dem Tod genießen

Schuld die niemand versteht

Stoppt die Zeit - denn ich bin glücklich

Haltet die Uhr an ehe das vergeht

Leider ist Glück nur augenblicklich

Es gibt kein Glück das besteht

Glück ist nur eine schöne Idee

Sagst du - und: Glück macht high

Glück ist eine schöne Frau im Negligé

Ausgepackt ist es meist schnell vorbei

Zu Annie gegen neunzehn Uhr

Kommt der "Club der jungen Alten"

Ein halbes Dutzend – und Weiber nur

Nicht ganz taufrisch - doch gut erhalten

Sie lachen laut auf dem Balkon

Wenn es kalt wird auch im Zimmer

Wer Leben liebt braucht viel davon

Und Lebensfreude geht doch immer

Täglich sah ich diesen Mann

Wir grüßten uns seit Jahren

Wir sprachen gestern noch und dann

Hat ihn heut jemand totgefahren

Manche sagen über mich

Der grüßt so freundlich "Hallo"

Er lacht am Zaun doch schlussendlich

Liegt er im Haus - der tote Dallo

Nun bin ich siebzig - und ich spüre

Wie Gelenke und Muskeln verfallen

Das Ärzteblatt ist nun Lektüre

Viele Worte die entfallen

Manchmal denke ich bei mir

Altern braucht 'ne Menge Mut

Doch weiß ich als Gewohnheitstier

Der - der NICHT älter wird ist tot

Ich habe getan was man vorher macht

Was man vorm Tod so regeln kann

Ein Testament - eine Vollmacht

Keiner weiß wo und wann

Mein letzter Wunsch beim Sterben wäre

Eine kleine feste Brust in der Hand

Die andere in der feuchten Schere

Und faselt nicht von Anstand

Morgen backe ich Blausäure - Kuchen

Du darfst ihn exklusiv versuchen

Ich will nach dem Ende suchen

Um dein Leben abzubuchen

Ich werd ein Botox - Süppchen kochen

Hat es erst deinen Blick gebrochen

Trauere ich ein paar Wochen

Versprochen ist versprochen

Die Pressefreiheit muss ganz vital

Öffentliche Hand kontrollieren

Meinungsfreiheit kann real

Demokratie demolieren

Als Narr genieße ich Freiheit pur

Niemand kann sie mir nehmen

Religionsfreiheit kann es nur

Ohne Religionen geben

Ich denke zurück an siebzig Jahre Leben

An alles was in dieser Zeit geschah

Vieles war gut manches daneben

Einiges ist nicht wahr

Viele Menschen die ich kenne oder kannte

Manche für länger - andere für ein Bier

Nur wenige die ich Freunde nannte

Leben war es nur mit dir

Manchmal erwache ich nach all den Jahren

Und bin erstaunt über meine Reaktion

Ein Tag wie tausende schon waren

Nicht erwachen wird zur Option

Schrecken weicht der Objektivität

Ich bin einer von vielen Kandidaten

In meinem Alter ist sterben Normalität

Manchmal kann ich es kaum erwarten

Liebe

und

Hass

Wer tötet – wer foltert

Wer vergewaltigt und wer quält

Wer will nur den Kick und das Adrenalin

Wer würgt – wer köpft

Weil die eigene Macht nur zählt

Wer will die Angst in den Augen sehen

Ihr fragt wer dazu wohl fähig sein kann

! Jede Frau und jeder Mann !

Ich ahne nicht wohin das führt

Ich hab mich einfach nur verliebt

Ganz innen bin ich ganz tief berührt

Von allem was zwischen uns geschieht

Schon hier im Anfang liegt das Ende

Und trotzdem glaube ich unbeirrt

Es liegt nur in unseren Händen

Ob's Himmel oder Hölle wird

Hallo meine kleine Süße

Es gab nie Besseres für mich

Du bist für mich die Allergrößte

Ich lebe ganz alleine nur für dich

Ja - ich lebte ganz allein für dich

Du warst für mich die Allergrößte

Es gab nie Besseres für mich

Adieu meine kleine Süße

Wenn ich nur wüsste wie die Liebe geht

Wenn ich wüsste wie man sie bedient

Und wie man ihr mit List entgeht

Sich nicht mehr so sehr belügt

Liebe zerstört was man ihr anvertraut

Liebe vervielfacht unsere Schmerzen

Liebe zerbricht weil sie misstraut

Liebe ist Lügen von Herzen

Rücksichtslos bringst du mich zum Rasen

Presst mich aus wie einen Schwamm

Deine Hand treibt mich zu Ekstasen

Hilflos ausgeliefert wie ein Lamm

Nach der Liebe fühl ich mich entmannt

Morgen will ich's wissen und frage dich

Warum stinkst du so penetrant

Schatz warum wäschst du dich nicht

Täglich werden Frauen und Kinder missbraucht

Und täglich wird dies von uns zugelassen

Wir ignorieren den - der Hilfe braucht

Und wundern uns wenn sie uns hassen

Sie hassen uns weil wir Männer sind

Sie hassen uns – wir sind ohne Gewissen

Sie fühlen sich bei uns wie Asche im Wind

Wir lieben das weil wir die Gewalt genießen

Die Beatles hörten auf nach "Let it be"

Die Musik - Revolution ging zu Ende

Überwältigend – so wie vorher nie

Wurde es Zeit für das Ende

Was man noch erwarten konnte

Unerfüllbare Ansprüche und Perfektion

Nichts mehr was besser werden konnte

Fast so wie die "Stones" nach Brian Jones

Vieles hat es gegeben in meinem Leben

Manches war gut und manches daneben

Als ich mich in meine Chefin verliebte

Lag mir das lange noch schwer im Magen

Erst war ich der von der Chefin geliebte

Danach habe ich den Chef erschlagen

Das steht nicht mehr auf meinem Panier

Aber die Chefin – kommt noch bei mir

Nach 50 Jahren Heimlichkeit

Hab ich mich geoutet und befreit

Ich mach es bekannt so dass ihr wisst

Was meine wahre sexuelle Veranlagung ist

Ich will mich nicht mehr verstecken müssen

Ich will in aller Öffentlichkeit küssen

Bitte akzeptiert mein Naturell

Ja - ich bin Heterosexuell

Geheimnisse sind für die Ewigkeit

Geheimes ist niemals nur Zeitvertreib

Nur weil ich seine schöne Frau gevögelt

Hätt mich mein bester Freund fast vermöbelt

Es blieb geheim und kam nie ans Licht

Niemand der schlecht über uns spricht

So kam es bis heute nie unter die Leute

Die Schöne und ich - wir vögeln noch heute

Mein lieber Schatz du weißt es noch nicht

Ich hätte es dir schon lange sagen müssen

Nach 20 treuen Jahren war es meine Pflicht

Und meine Pflichten sollte ich nie vergessen

20 lange Jahre die wir zusammen waren

So viele Jahre liebten wir uns – und doch

Heut kann ich sagen - nach all den Jahren

Als ich dich meuchelte - liebte ich dich noch

Ab morgen beginn ich endlich zu träumen

Ab morgen träum ich meine Welt schön

Ab morgen will ich nichts versäumen

Ab morgen hör ich auf zu stöhnen

Die Träume beginnen niemals heut

Sie liegen täglich auf Wiedervorlage

Träume zu träumen bin ich stets bereit

Doch morgen wird es leider nie - schade

Wenn Leiber wie im Fieber glänzen
Lust und Schmerzen sich ergänzen

Wenn Qualen sich in Lust verwinden
Freud und Leid sich fest verbinden

Schmerzen sich der Lust hingeben
Und Körper spüren dass sie Leben

Wenn Körperflüssigkeiten fließen
Und orgiastisch sich ergießen

Sind heiße Körper die sich reiben
Bereit sogar - sich zu entleiben

Fast nichts ist mehr so wie es damals war

Kein Missbrauch mehr und keine Gewalt

Er war noch ein Kind als es geschah

Heute ist er doch schon so alt

Hätt er ihn damals umgebracht

Er wär lang wieder ein freier Mann

So träumt er davon - fast jede Nacht

Er hätte es getan - damals als es begann

Mann fühlt sich erst als Mann

Wenn Mann die Frauen lieben kann

Und eine Frau fühlt sich als Frau

Weckt sie im Mann den eitlen Pfau

So denkt der Mensch seit vielen Jahren

Die Meisten werden es nie erfahren

Zwischen den Geschlechter-Polen

Gibt es mehr als 2 zu holen

Du schicktest die Ladung – sie kam gestern

Wir sollten uns treffen und etwas Trinken

Im neuen Jahr – direkt nach Silvester

Genießen wir Liebe Wein und Schinken

Ich sagte: Gern käme ich mit Freuden

Und würde dir tief in die Augen blicken

Die Zeit würd ich gerne mit dir vergeuden

Doch habe ich Termin bei Resi - zum Ficken

Schatz – ich werd dich nie belügen

Schatz – ab heute zählt nur Wahrheit

Schatz – und ab morgen zählt nur Liebe

Schatz – dann haben wir endlich Klarheit

Schatz – heute beginnt das neue Leben

Schatz – das fällt uns gar nicht schwer

Schatz – da wir nach Wahrem streben

Schatz: Ich liebe dich nicht mehr

Mit all meiner Liebe habe ich dir vertraut

Niemals verletzte mich jemand wie du

Du warst niemals nur meine Frau

Nie war ich deine Liebe nur

Deine Liebe war nie meine Liebe

Niemals stimmte sie – unsere Chemie

Liebe ist früh auf der Strecke geblieben

Wie ich sie verstand - hatten wir Liebe nie

Weil ich dich später eh – seh

Und mit dir ins Café – geh

Wo ich dich sprechen kann – dann

Ruf ich dich jetzt nicht an – man

Wenn es doch nicht so schwer – wär

Ich mag Geschlechtsverkehr – sehr

DICH leider nicht - vergisses

Drum mach ich Schluss - so isses

Tasten nach der Hand des Anderen

Ganz eng und liebevoll verbunden

Tagelang durch Träume wandern

Und schweigen über Stunden

Augen die nicht lüstern quellen

Hände nicht von Gier getrieben

Glieder die nicht triebhaft schwellen

Vom Menschen wäre nichts geblieben

Du hast mich siebenmal genommen

Siebenmal in einer einzigen Nacht

Siebenmal sind wir gekommen

Siebenmal hat's ZOOM gemacht

Ich erinnere all die Träume

Träume erinnern immer an dich

Ich war 14 – im Himmel die Bäume

Du 40 – Star feuchter Träume für mich

Manchmal seh ich dein Gesicht

Darin erkenne ich keine Falten

Du bist doch fast so alt wie ich

Wie hast du dich so jung gehalten

Wir haben noch so viele Pläne

Von dir bekomme ich nie genug

Plötzlich bemerke ich eine Träne

Dann wache ich auf - mit einem Fluch

Oh Liebste sag mir: Was habe ich getan

Ich pflückte dir Blumen im Morgenrot

Kamen die Rosen nicht zeitig an

Stürze ich mich in den Tod

Oh Liebster ein Unglück ist geschehen

Du pflücktest Blumen im Morgenrot

Habe sie liebevoll angesehen

Hundert Rosen – alle tot

Bist du immer noch verliebt

Freunde fragen und ich sage "Ja"

Dass es das nach 20 Jahren nicht gibt

Meinen sie und halten den Spruch für wahr

Ich frage: Was sind denn das für Gefühle

Was machen die Schmetterlinge in mir

Woher kommt Eure eisige Kühle

Ihr tötet die Liebe zu ihr"

Morgens erwache ich gegen Zehn

Ich kämpfe sehr hart ums Überleben

Ein paar Tabletten dann müsste es gehen

Ohne Drogen wird es mein Leben nicht geben

Waschen – Zähneputzen – Kämmen

Manchmal denke ich an Frauenzimmer

Doch die würden bei der Liebe erkennen

Die alten Männer die stinken doch immer

Ich denke zurück an all die Momente

Egal ob es Liebe war - oder nicht

Von der Pubertät bis zur Rente

Sex war alles für dich

Immer war es dein erster Gedanke

Egal ob stark oder schön oder ich

Von allen Frauen die ich kannte

Liebte ich immer nur dich

Mein lieber Schatz – ich denk an dich

Ich hatte es dir doch versprochen

Wenn Du glaubst ich liebe dich

Hab ich mich versprochen

Du sagst zu mir - du liebst nur mich

Du hättest es doch versprochen

Und ich erinnere mich nicht

Hast dich wohl versprochen

Vor kurzem öffnete ich einen Koffer

Drin fand ich einen Schal von dir

"Kopfkino" spielte im Zeitraffer

Seit 20 Jahren lag er hier

Ich zögerte ihn zu entnehmen

Dein Duft lag plötzlich in der Luft

Ich opferte dir ein paar Tränen

Für deinen Liebesgruß aus der Gruft

Dies

und

Das

Es war einmal im Monat Mai

Ein kleines Mädchen war dabei

Versuchte "Reinhold" auszusprechen

Die Zunge wollt ihm fast zerbrechen

Plötzlich war es klar zu hören

Der Name "Dallo" war geboren

Verwundert ruft man "Aber Hallo"

Seit damals heißt der Dichter "Dallo"

19 - 63 - war

Das erste Bundesliga Jahr

55 mal die Liga

55 Meister - Sieger

Dazu 55 mal

Der DFB-Pokal

55 Jahre Bundesliga

60 Clubs doch nur 12 Sieger

Denn Schalkes 4-Minuten-Feiern

Die übernimmt der FC - Bayern

Einer kann dies - ein Anderer kann das

Ein Dritter jenes - ein Vierter irgendwas

Mal ganz in Ruhe - mal mit Adrenalin

Allein Spezialisten gemeinsam ein Team

Willst du die Wahrheit

Dann musst du sie auch sehen

Jeder ist anders – und jeder ist schön

Manchmal denke ich bei mir so ganz still

Ich schreibe nur weil ich schreiben will

Später glaube ich dann ganz selbstbewusst

Ich schreibe nur weil ich schreiben muss

Plötzlich weiß ich – ich kann nichts dafür

Ich habe nichts anderes – ich schreibe nur

Wenn meine Welt morgen schon untergeht

Ich würd nicht versuchen sie zu retten

Wenn die Welt morgen untergeht

Ich pflanzte keinen Baum

Wenn meine Welt morgen schon untergeht

Ich würd auf ihr Ende mit dir wetten

Wenn die Welt morgen untergeht

Ein volles Glas wär ein Traum

Morgen – kann der Tag deines Lebens sein

Morgen – hört vielleicht deine Zukunft auf

Gestern – das kann die Hölle gewesen sein

Gestern – ging vielleicht deine Sonne auf

Heute – ist der Tag den du ändern kannst

Heute – liegt alles in deiner eigenen Hand

Heute – bringst du Gestern in neuen Glanz

Heute – siehst du über deinen Tellerrand

Wenn du glaubst – du machst alles richtig

Wenn du denkst – deine Meinung ist wichtig

Wenn du hinterfragst - was immer du tust

Sag besser nie: "Ich hab's besser gewusst"

Besserwisser die mag keiner

Selbst wenn sie es besser wissen

Denn ein Besserwisser ist bloß einer

Der alles besser weiß – ganz verbissen

Bin ich Schreiber oder Literat

Bin ich Dichter nur weil ich schrieb

Bin ich Autor oder ein Schreibautomat

Oder Schriftsteller weil die Feder mich trieb

Nein – ich schreib nur über das was ich weiß

Nein – die Weisheit hab ich nie gefressen

Im Alter kommt die Weisheit ganz leis

Ich habe sie mit Stäbchen gegessen

Ich bin ein Freund der freien Presse

Ich habe großes Interesse – an Allem

Für SPIEGEL - WELT - STERN oder ZEIT

Bin ich gerne bereit – nicht allen zu gefallen

Ich bin ein Teil der Lügenpresse

Ich bekomme in die Fresse von allen

Doch muss ich AfD- und Pegida-Idioten

Und auch anderen Chaoten - nicht gefallen

Ein Hoch auf die Podologie

Nagelpilz erstarrt vor Grauen

Der Männerfuß wird zart wie nie

Und fast so schön wie der von Frauen

Claudia - meine Podologin

Zeigt mir am Fuß was möglich ist

Bekommt selbst Sportler - Füße hin

Und Fußmassagen die man nie vergisst

Ein ganzes Leben ohne Krieg

Das erste Mal für siebzig Jahre

Für Deutsche und ihr Land ein Sieg

Und Frieden ist doch das einzig Wahre

Heut spielen sie wieder mit dem Feuer

Auch Sprache wird wieder radikal

Man weckt das alte Ungeheuer

Krieg wird wieder optional

In meine "To do List" schreibe ich behände

Was ich noch tun möchte vor meinem Ende

Einmal noch mit LSD ins Paradies

Einmal noch schreibe ich ein Gedicht

Einmal noch eine Nacht mit dir in Paris

Einmal noch spüren dein feuchtes Gewicht

Und das Letzte was ich tue auf dieser Welt

Ich werfe eine Bombe auf Bielefeld

22 schwitzende Fußball-Männer

Schieben sich die Fußball-Bälle zu

Millionen vermeintliche Fußball-Kenner

Zahlen Milliarden doch sie schauen nur zu

Bestechliche Fußball - Organisatoren

Stopfen sich die eigenen Taschen voll

Alle verdienen - keiner hat verloren

Sport ist fair und Fußball ist toll

Morgen geh ich in den Zoo

Dann lasse ich alle Tiere frei

Ich mach das nicht einfach nur so

Ein Zoo ist planmäßige Tierquälerei

Würden Menschen zur Schau gestellt

Könnte ich das sehr gut verstehen

Das größte Raubtier dieser Welt

Sollte man im Käfig sehen

Für "Gelbe" sind "Blaue" Chaoten

Für "Blaue" sind "Gelbe" Idioten

    Weil Gehirne verstummen

    Sind beide die Dummen

Und Meister werden immer die "Roten"

Ihr wollt für freie Bürger freie Fahrt

Wann immer es geht und wo immer es ist

Freiheit ist - wenn man durch Straßen jagt

Die Rechte der Anderen sind nur ein Ärgernis

Ihr habt mich beschimpft - ihr meine Freunde

Freunde ich habe es schon immer gemeint

Und sage es immer noch dass ich meine

Individualverkehr ist unser Feind

Nun sind es 50 Jahre her

Ich erlebte das Wunder aus England

Die Welt war ganz plötzlich lebendiger

Mit "Sgt. Pepper's Lonely Hearts Club Band"

Es sind auch 50 Jahre her

Dass man Musik mit Film verband

Der Video Clip ist ein Wunder mehr

Seit man "Strawberry Fields Forever" sang

Noch nie hat mich etwas so sehr empört

Es wird an jeder Straßenecke erzählt

Mein Freund Harvey hat es gehört

Auch wenn es dir nicht gefällt

Er sagt: Es gibt keinen Klimawandel

Liberale Demokratie wird nicht bleiben

Und: Wir brauchen keinen globalen Handel

Und unsere Erde ist nur eine Scheibe

Er hat es - Sie hat es - jetzt auch Du

Jeder zweite Trottel hat heute ein Tattoo

Ob Symbol ob Gedicht - ob Kitsch oder Kunst

Hautmalereien tragen heute Hinz und Kunz

Ganz zum Schluss sinkt dann die Körpermalerei

Der Schwerkraft entgegen – vorbei knitterfrei

Ob Bild oder Befehl – ob Botschaft oder Bitte

Arschgeweih hängt durch wie Rose auf der Titte

Valeska - Königin der Qual

Du stichst zu - 100.000 mal

Die Leinwand bin ich gern für dich

Vom ersten bis zum letzten Stich

Schon bald entsteht ein Bild auf mir

Stich an Stich ein Tattoo von dir

Gerne zahle ich mit Schmerzen

Dank dafür - von Herzen

Warum sollte ich etwas nicht tun

Weil man sagt: Das ist nicht opportun

Konsumieren kann ich ohne Konsequenzen

Ohne Konsequenzen geht nichts bei Menschen

Und sollte ich mich beim Konsumieren irren

Tausch ich und werd weiter konsumieren

Irre ich bei Menschen dann ist es aus

Aus der Nr. komm ich nicht raus

Niemals verstand ich was dich trieb

Verstand auch nicht deine Manieren

Weihnachtsgrüße die ich schrieb

Als unerwünscht zu kritisieren

Kritik an deinen Weihnachtsgaben

Die würd ich mir niemals erlauben

Ich würde freundlich "Danke" sagen

Und ließ sie dann im Schrank verstauben

Ein Mensch spricht von Artikel 1

Des Menschen Würde ist unantastbar

Und weil es leicht und einfach scheint

Macht er pauschal die Presse haftbar

Der Mensch - so blind wie selbstgerecht

Sieht nicht den Wert der Pressefreiheit

Wenn Uli zetert: IHR seid schlecht

Zertrampelt Uli Meinungsfreiheit

Männer sind stark sagen Männer

Sind überlegen - regieren die Welt

Wissen alles besser – Männer sind Kenner

Männer machen alles für Ruhm und für Geld

Sie lösen Probleme die sie geschaffen haben

Erkältungen treffen uns Männer ins Mark

Glaubt mir - Männer lasst euch begraben

Heut eine Frau zu sein DAS ist stark

Ich erwache jeden Tag mit guter Laune

Hier in meinem Münster - Mauritz - Ost

Täglich staune ich dass ich noch staune

Über mein Viertel so voller Lebenslust

Träum ich nicht so gut ist das nicht schade

Dann fahre ich mit dem Rad die Promenade

Und werd ich dann vor lauter Freude stumm

Spaziere ich einmal um den Aasee herum

Ich erwache jeden Tag mit guter Laune

Hier in meinem Münster - Mauritz - Ost

Täglich staune ich dass ich noch staune

Über mein Viertel so voller Lebenslust

Such ich Stille mach ich eine Kirchen-Tour

Ich bin dann in Münsteraner Kirchen nur

Suche ich Unterhaltung rund um die Uhr

Dann mache ich gerne eine Kneipen-Kur

Ich erwache jeden Tag mit guter Laune

Hier in meinem Münster - Mauritz - Ost

Täglich staune ich dass ich noch staune

Über mein Viertel so voller Lebenslust

Brauch ich einmal Langeweile ohne Vision

Sehe ich die Preußen an im Preußen Stadion

Sollte mir ein Tag zum Heulen erscheinen

Geh ich in den Allwetter Zoo - zum Weinen

Ich erwache jeden Tag mit guter Laune

Hier in meinem Münster - Mauritz - Ost

Täglich staune ich dass ich noch staune

Über mein Viertel so voller Lebenslust

Und will ich riechen schmecken oder fühlen

Geh ich zum Markt - Handeln Reden Wühlen

Sitze ich im Hafen am Kanal voll Lebenslust

Genieß ich das Leben in Münster-Mauritz-Ost

Vorbei schon wieder mal ein Jahr

Von deinem ewigen Leben

Sicher war es wunderbar

Hatte viel zu geben

Im nächsten Jahr zur gleichen Zeit

Wer will schon heut dran denken

Ist das Jahr Vergangenheit

Hatte viel zu schenken

Du ist Du - Ich ist Ich

Mal spürt Ich Du nicht

Mal ist Du mehr Ich als Ich

Und Ich ist nur ein Teil von Du

Dann schaut Ich sich von außen zu

Ein Teil von Ich es spürt Du nicht

Ich liebt Du – hört Ich Du zu

Du hört Ich und schweigt dazu

Er Sie Es und Ich und Du

Komm zur Ruh - Ich - komm zur Ruh

Naja – vielleicht hast Du Recht

Vielleicht ist es nur ein Vogelschiss

Aber - vielleicht bist Du auch schlecht

Und hoffst nur – dass man schnell vergisst

Irgendwann wenn die Opfer begraben sind

Wenn sich der letzte Nazi verpisst

Ist Erinnerung ein Hauch im Wind

Und Nazis nur ein Vogelschiss

Ein Leben lang lernen – vom Kind bis zum Greis

Und jeden Tag ein bisschen klüger werden

Niemals glauben dass man alles weiß

So lang wie man lebt auf Erden

Ein langes Leben wird so nie fad

Genieße dein Leben mit viel Phantasie

Das ganze Leben bleibt eine Jungfernfahrt

Nur die Klügsten und Dümmsten ändern sich nie

Hey Freunde – seid ihr auch schon alt

Was soll aus den Menschen werden

Die denken Evolution heißt bald

100 sei das neue Sterben

Wirklich will die Evolution

Immer wieder Leben geben

Sind wir nicht Teil der Produktion

Gehören wir auch nicht zum Leben

Des Fußballprofis reiches Leben

Hat ihm der Fußballgott gegeben

Ist er dann auch noch klug dazu

Dann reicht es bis zur ewigen Ruh

Ist er unklug dann reicht es nicht

Doch ist er erst ein armer Wicht

Wenn er laut bettelt um Applaus

"Ich bin ein Star – holt mich hier raus"

Im Traum hab ich mir gestern Nacht

Einen Reim auf euch gemacht

Am Morgen dann - dreiviertel Sieben

Hab ich ihn mir aufgeschrieben

Und heute - am Tage des Valentin

Verschenke ich ihn

Heut bedank ich mich bei allen

Ich freu mich sehr für sie zu lesen

Ich hoffe sie finden daran gefallen

Sonst wär es doch für die Katz gewesen

Mal ist es ernst und mal Humor

Mal ist es böse und mal nur ein Witz

Ganz viel Spaß wünscht ihnen der Autor

Hier im Seniorenzentrum "Mitten in Mauritz"

Gestern habe ich es fest beschlossen

Mein Gartenteich muss endlich weg

Alle Frösche werden erschossen

Fische auf's Trockene gelegt

In meinen Garten gehört nur ein Grill

Keine Pflanzen - nur Steine und Erde

Eine Theke noch - weil ich es will

Die Natur wird überbewertet

Sprache dichtet und Sprache berichtet

Sprache vertraut und Sprache ist laut

Sprache betet und Sprache tötet

Sprache erzählt - Sprache quält

Sprache herzt - Sprache scherzt

Sprache erlaubt und Sprache glaubt

Sprache erkennt und Sprache ist fremd

Sprache macht stumm - Schweigen ist dumm

Ich bin so verliebt in dich mein Schatz

Doch nur in deinen Wahnsinns-Körper

Der ist austauschbar mein Spatz

Austauschbar wie Wörter

Verliebt ich in mein dich doch Schatz

Mein wie austauschbar bin Körper

So deinen ist in Wahnsinns-Spatz

Der austauschbar nur Wörter

Ich wollte dass Montag schon Dienstag sei

Dann hätt ich Freitag schon Wochenende

Der Montag hätte dann Sonntag frei

Zu lange Wochen wären zu Ende

Alltag nimmt zu viel in Beschlag

Der Sonntag ist tolerant und bereit

Den Montag verschieb ich um einen Tag

Ich bin für die "Wochenend-Sommer-Zeit"

Täglich denke ich und schreibe

Und ich erzähle was mich bewegt

Ich schreibe damit ich lebendig bleibe

Denn lebendig zu sein ist mein Privileg

Leise steigt in mir die Angst

Und lässt mir meine Hände zittern

Sie sagt zu mir: Wenn du nicht kannst

Schreib ich für dich – und das wird bitter

Ich schreib da ich nicht schweigen will

Ich schreibe – reden ist oft zu gewagt

Ich schreibe - meist ist denken zu still

Ich schreibe - mit schreiben ist alles gesagt

Ich schreibe - offen oder geheim

Ich schreibe da wo ich geh und steh

Ich schreibe – um nicht einsam zu sein

Ich schreibe weil ich was ich denke dann seh

Wollen wir reden wir Zwei

Wollen wir uns zuhören dabei

Besserwisser werden nicht klüger

Nur wer zuhört lernt vom Gegenüber

Eine Meinung hilft im Leben

Lasst uns denken ehe wir reden

Eigene Meinung kann nicht stören

Lasst uns schweigen wenn wir zuhören

Morgen beginne ich mit Sport

Ich hab es lang und gründlich geplant

Erwache ich morgen beginne ich sofort

"Du bist viel zu alt" - hat man mich gewarnt

Viele meinten: Sport ist Mord

Doch ich sag meiner Trägheit ade

Ich freu mich auf meinen Sport vor Ort

Mein nächster Verein heißt "TV-Sky-HD"

Beim Nachbarn wirkt das Haus heut heller

Frische Farbe vom Dach bis zum Keller

Heute meint sogar der Dichter

Es ist lichter – es ist lichter

Und der emsige Anstreicher

Wurde auch ein bisschen reicher

Nur die Alten unterm Dach die Zwei

Fragten entnervt: Ist es endlich vorbei

Ein Musiker aus Westfalen

Kann seine Zeche nicht zahlen

    Darum spielt er Lieder

    Schlecht - doch immer wieder

Die Gage beendet die Qualen

Gleich kommt sie - meine schöne Nina

Hat mich nicht einen Tag vergessen

Ihr Service angenehm und prima

Täglich liefert sie mir Essen

Essen auf Rädern - mit ganz viel Liebe

Gut gelaunt schmeckt alles besser

Wünschte dass er bei mir bliebe

Der Service "Besser-Esser"

Die Nachbarin lädt mich herzlich ein

Es gibt Salat und Wurst vom Grill

Dazu gibt es Bier und Wein

Musikalisch was ich will

Marie-Luise gibt sich Mühe

Mir ist das nicht ganz geheuer

Sie will bestimmt dass ich was tue

Vielleicht sucht sie ein Abenteuer

Der Augendoktor schaute tief in meine Augen

Er fand keinen Fehler - kaum zu glauben

Sehnerven - Innendruck und Tränen

Sehschärfe gut ist zu erwähnen

Morgen hab ich den Termin beim Urologen

Ich prahle "Ohne Angst"- das ist gelogen

Beim Augen-Doc fall ich in Lobhudelei

Urologen gehen am Arsch vorbei

Meine Perle rettet mein Leben

Sie lässt verschwinden was mich stört

Sie fragt nicht wie – sie macht es eben

Sie näht auch Knöpfe und wäscht mein Shirt

Betten gemacht und Küche sauber

Ganz ohne Kalk in Dusche und Wanne

Und auch mein Garten – sie kann zaubern

Wenn sie mal geht -?- mir wird ganz bange

Ich bin schnell begeistert für eine schöne Reise

Vor der Reise sag ich ab – bedauerlicherweise

Die Stimmen fragen mich: Warum willst Du weg

Du schläfst seit 20 Jahren nur im eigenen Bett

Die Erkenntnis sollte mich entsetzlich entsetzen

Niemanden wollte ich durch meine Angst verletzen

Reisen planen fällt mir leicht - Reisen aber schwer

Darum plane ich ab heute keine Reisen mehr

Auch wenn ich morgen anders denke

Meine Gunst anders verschenke

Besteh ich darauf ohne Frage

"Es ist richtig was ich sage"

Und denke ich anders mit der Zeit

So bin ich trotzdem nicht bereit

Meinen Grundsatz (siehe oben)

Als "ungültig" auszuloben

Die Lügen die wir heute googlen

Galten Jahrhunderte als Fakt

Dass diese Erde eine Kugel

War vor Platon nicht exakt

Wahrheit die wir heute kennen

Ist aktuell nur Wissensstand

Was wir morgen Lüge nennen

Ist heute Erkenntnisstand

Ich betrat mit Reisefieber

Und 100 Anderen einen Flieger

Wetter pfiffen stürmisch Lieder

Mir stieg das Fieber in alle Glieder

Das Flugzeug startete und dann

Ich schloss mit meinem Leben ab

Als es routiniert zu landen begann

Und landete dann - man war das knapp

Ich sehe Radler – Rad an Rad

Eltern und Kinder mit gehetztem Blick

Bei leichtem Regen und bei dreizehn Grad

Es ist wieder Zeit für die "Tour de Panique"

Sie saufen aus Kübeln und scheitern an Hügeln

Das Trikot vom Profi ist ein Presssack für Opi

Und das E-Bike von Fritz wird zum Kugelblitz

Am 1. Mai sind alle frei - am 2. ist das vorbei

Morgens bekomme ich immer die Zeitung

Ein Bote muss sie sehr früh postieren

Ich mag die tägliche Aufbereitung

Gestriger Meldungen zu studieren

Hab ich die Zeitung mal vermisst

Dann nur an Sonn- und Feiertagen

Und - was dem Alter entsprechend ist

Vermiss ich dann meist die Todesanzeigen

Wieder sitze ich und warte

Dichtung bietet mir die Stirn

Das - was ich von mir erwarte

Zermartert mir mein krankes Hirn

Wo bleibt die Kreativität

Es fehlt - ohne zu übertreiben

Auch die gewünschte Qualität

Nie mehr kann ich etwas schreiben

Du willst wie "Jeder" sein

Und du kritisierst mein Schaffen

Noch im Schatten machst du dich klein

Sagst: Ich mache mich nicht zum Affen

Du willst das was Jeder will

Ruhe Frieden vom Leben dein Teil

Schweigt die Menge dann bist auch du still

Brüllt jemand "Sieg" dann schreist du "Heil"

Einer hatte sich beschwert

Er habe mein Gedicht gehört

Wär nun getroffen in der Ehre

So - dass er Genugtuung begehre

Ich bezweifle den Verstand

Drum frage ich ihn kurzerhand

Dann sag mir doch zu guter Letzt

Welches der 1000 hat dich verletzt

Ein Mensch in putativer Not

Der Mitmenschen mit Klage droht

Und denkt: Das bringt mir so viel mehr

Der irrt sich sehr

Ein anderer Mensch der mit Geduld

Und ohne Zuweisung von Schuld

Schlechte Dinge ändern möcht

Hat häufig Recht

7 auf einen Streich - FC Bayern heißt er

Die Besten haben einen guten Plan

7x in Folge Bundesligameister

Andre staunen voller Scham

Leicht und locker und immer an der Spitze

Weil wir es können tut es anderen weh

Ob Schneesturm oder Bullenhitze

"MIA SAN MIA" – der FCB

Manche lachen: Schreiben ist keine Kunst

Andere fragen: Wo nimmst du das her

Ich bettelte niemals um Eure Gunst

Doch Verachtung trifft schwer

Warum verspottet ihr es als Gekleckse

Ich schreibe nicht was ICH erlebt

EUER Leben bestimmt die Texte

Ich schreib was ihr mir gebt

Hier auf dem Radwanderweg Nummer Eins

Fährt man nach Münster - mit dem Rad

Vorbei an einem Haus - das ist meins

Gut gelaunt in die schöne Stadt

Ich winke freundlich aus meinem Garten

Sie winken lachend zurück zu mir

An der Brücke muss man warten

Manchmal trinken wir ein Bier

Ich sehe alte Männer

Mit verzerrtem Sportlerblick

Ihr Ego ruft: Sei ein Gewinner

Der Körper fleht: Studiere Physik

Funktionelle Sportbekleidung

Modisch aus dem "Nike - Haus"

Gestresste Körper - ohne Atmung

Zum Doping - ins Notfall Krankenhaus

Mein Freund das Rotkehlchen ist hier

Es war für ein paar Tage fort

Sieht durch meine Tür zu mir

Fordert Essen jetzt sofort

Ich versorge es sehr gerne

Es war wohl lange unterwegs

Ich gebe Wasser Fett und Kerne

Damit die Freundschaft weiter wächst

Ein Eichhörnchen kam mich besuchen

Ich gab ihm schnell 'ne Haselnuss

Sie schmeckte ihm wie Kuchen

Selten sah ich mehr Genuss

Elegant und Selbstzufrieden

Wunderschön - in voller Aktion

Eichhörnchen die muss man lieben

Und WIR sind die Krone der Evolution ?

Oben in der Lenzerheide

Gebaut aus Scheune oder Stall

Sieht man zu unser aller Freude

Von "Maiensäss" – das "Guarda Val"

Träumt in diesem Traum-Hotel

Man verwöhnt - auch kulinarisch

Von Haute Cuisine bis Traditionell

Der neue Koch im Team heißt "Faris"

Die Hölle – das ist fundamental

Das Gleiche gilt diametral

Meinte Sartre dazumal-

Sind die "Anderen"

Denn für "Andere" ohne Schmäh

Denen ich bloß im Wege steh

Oder nur auf die Eier geh

Bin ICH die Hölle

Deutschland pflanzt einen Schilderwald

Für meinen schönen alten Diesel

Dann gibt es die Verbote bald

Von Aachen bis nach Zwiesel

Weil die Schilder es so wollen

Wird mit hohem Schadstoff dann

Mein Diesel durch die Umwelt rollen

Auf Umleitungen und doppelt so lang

Schon wieder mal ein Missverständnis

Du sagst: So war es nicht gemeint

Es war doch nur die Unkenntnis

Eigentlich bin ich dein Freund

Die Toleranz ist lang vorbei

Langsam wird es mir zu dumm

Mich nervt auch deine Heuchelei

Mit Freunden geht man anders um

Sein - oder nicht Sein

Klagend liegt die Hölle vor mir

Sie blendet mich mit ihrem Schein

Die Hölle ist ein weißes Blatt Papier

Dein – oder nicht dein

Zukunft ist verrückt nach dir

Gestalte sie mit deinem Sein

Mein Paradies war ein Buch von mir

Pädophile sind Verbrecher

Entrüsten sich die Moralisten

Manche gerieren sich als Rächer

Und brüsten sich als Spezialisten

Pädophilie ist keine Schuld

Die Veranlagung ist natürlich

Für Gläubige ist sie gottgewollt

Pädophile sind Leute wie du und ich

Gretas retten diese Welt

Doch der Welt ist das egal

Im Notfall helfen wir mit Geld

Als Personal sind wir katastrophal

Die Welt muss nicht gerettet werden

Sie hat viel Schlimmeres ertragen

Der Erde geht es gut auf Erden

Menschen geht es an den Kragen

Unser Klima ist aus dem Takt

Und wir sollten schnell reagieren

Es ist nicht Vermutung - es ist Fakt

Dies Paradies wird zur Hölle mutieren

Unser Klima tickt nicht richtig

Wir neigen auch zur Verwirrung

Trotzdem ist uns nur eines wichtig

Wir wählen Clowns an die Regierung

Der Mensch befreit die Welt vom Menschen

Langsam verschieben sich die Grenzen

Ich bin schon alt mir ist nicht bange

Es dauert nicht mehr lange

Auch "Fridays for Future" kommt zu spät

Viele Jahre zu spät für die Aktivität

Die Jugend hat zu lange gepennt

Zu spät für ein Happy-End

Nun ist es fertig und versandt

Kann ich damit glücklich werden

Ein Jahr Arbeit nun in fremder Hand

Ist es Glas oder sind es nur Scherben

Eine Stimme sagt leise zu mir

Was ich dir sage ist fundamental

Das Urteil Anderer – was nützt es dir

DU musst dein Werk lieben der Rest ist egal

Und nun ihr lieben Leute

Ich denke für heute

Ist dann Schluss

Ich mach mir keine Sorgen

Ich denke schon morgen

Geht es wieder los

Die ersten Gereimtheiten 1962 - 1965

Der Peter ging zum Friedhof her, 1
und seine Hände war'n nicht leer.
Er trug den Strauß Stiefmütterchen
zum Grabe seiner Mutter hin.
Sie starb vor noch nicht langer Zeit
an einem argen, bösen Leid.
Der Peter hat die Mutter lieb
es war für ihn ein schwerer Hieb.
Drum geht er hin, zu diesem Grab,
es ist jetzt ja sein Gut und Hab.
doch einmal wird auch Peter alt,
und auch sein Körper einmal kalt,
dann gehen seine Kinder her,
und ihre Hände sind nicht leer.

Die Blitik, ich hört es schon,
ist nur die Hälfte der Portion
die früher sie einmal gewesen,
man kann es in der Zeitung lesen.
Nikita brach den Friedenschluß
doch grüßt er jeden noch mit Kuß.
Er tut, als wäre garnichts los,
doch damit stellt er sich nur bloß.
Herr Adenauer trat zurück,
und macht jetzt nicht mehr Blitik,
Herr Erhard steht an seinem Posten
Er muß jetzt kämpfen gegen Osten.
Und Oswald schoß auf Kennedy
man fragt sich noch warum, und wie.

Es gibt heut' doch so viele Tänze, 3
und jeder Twen von heute kennt'se.
Den Madison tankt man perfekt,
und auch beim Twisten man sich reckt.
Man tankt auch gern den Cha-Cha-Cha,
doch Walzer, wie es früher war,
der ist schon längst nicht mehr modern
und liegt den jungen Menschen fern.
Auch Tango ist nicht mehr im Spiel,
doch Bosanowa tankt man viel.
Der Hully-Gully macht Karriere,
wenn das beim Schieber doch noch wär.
Doch geht Sekunde um Sekunde.
des Uhres Zeiger Stund um Stunde.

Verbrecher Bill saß im Gefängnis, 4
ein Einbruch ward ihm zum Verhängnis.
In einer Bank stahl er die Kasse,
das Geld, es war 'ne ganze Masse.
das gab er aus, sein Herz das lacht,
doch lenkter nun den Verdacht
auf sich, was ja kein Wunder war,
die Freiheit hing an einem Haar
als er verfolgt durch's ganze Land
der Polizei fiel in die Hand.
Er wehrte sich, daß es so kracht,
doch war zu groß die Übermacht.
Aauf Freispruch hoffte Bill kaum,
und aus war nun der große Traum

Aus Liverpool, die Sängerknaben,
die Beatles mit den langen Haaren,
verdienen Geld in rauhen Mengen
und Mädchen die an ihnen hängen.
Denn hör'n die Mädchen „Ringo Starr",
oder „die Beatles sind jetzt da",
dann hört man kreischen auf den Straßen
und Yeah, Yeah, Yeah ruft in den Massen.
Wenn Wogen von Begeistrung wallen
und viele Fans in Ohnmacht fallen
und keiner in der Stadt gibt Ruh,
dann rollt das Geld den Beatles zu.
Doch einmal geht das Spiel zu weit,
und dann ist man die Beatles leid.

6

Du schön geschmückter Tannenbaum
im Weihnachtlich geputzten Raum,
du bist der Glanz im Zimmer,
ich wollt', du standest da für immer.
Denn Weihnacht ist das schönste Fest,
weil Christus da geboren ist.
Denn Christus ist der höchste Herr,
wo wären wir wenn Er nicht wär'?

Die Welt, Sie scheint entzwei zu brechen,
es brennt der Himmel und das All,
die Erde scheint sich jetzt zu rächen,
Sie brennt und bricht jetzt überall.
Gibt es den Gott, kann er uns helfen?
Man spricht doch sonst so gut von ihm.
Wenn es ihn gibt, kann er uns retten?
Warum läßt er uns nicht entfliehn?
Warum quält er den Mensch, die Tiere?
Warum läßt er dies Morden zu?
Ist er nicht gütig sondern gierig?
Und schließt vor uns die Augen zu?
Warum kann mir das keiner sagen?
Ich bin ein Junge und kein Held

Ich kann die Schmerzen nicht ertragen,
ist dies der Untergang der Welt?

Reinhold Juthwon

Ich lebe nicht, obwohl ich lebe,
Ich höre nicht, obwohl ich hör',
Ich sehe nicht wohin ich gehe
Und fühle nicht was ich berühr'.
Ich möchte fühlen, hören, sehen,
Ich möchte wissen wie es geht
Wenn einer sagt: „Hier mußt Du gehen",
Ich möchte wissen wie man lebt!
Leb ich denn nur, um mal zu sterben,
Ist denn der Tot das Leben wert?
Und gibt es nach dem Tot. verderben
Ist das, was man da glaubt, verkehrt?
Darum bin ich denn nur geboren
Wofür bin ich denn auf der Welt?

Wer hatte mich denn auserkoren
und einfach hier hinein gestellt.
Wer zwang mir dieses Leben auf
Wer fragt mich denn ob ich es will,
Wer trieb mich aus dem Nichts hinaus
Und schob mich in den Lebensdrill?
Kann man ein andres Leben leben?
Gibt es ein schöneres als dies.?
Wenn es ein anderes tät geben,
Ich griffe zu, Ich nähme es!

Reinhold Tiethmann

Ich möchte nicht mehr weiterleben,
denn leben hab ich nie gekonnt.
Ich weiß, das wird mir alles nehmen,
doch hab ich was wofür sich's lohnt?
Ich finde keinen Sinn für alles
was andre Lebewesen hält,
an sowas dreckiges und faules
wie und uns, krepiert die ganze Welt.
Ich bin nicht besser als die Andern,
doch das ist schon das Schlechteste,
zwar bin ich einer nur am Rande,
doch schäm' ich mich weil ich es bin.

Rudolf Kultmau

Reinhold Tebtmann

Dallos
Dichtungs
Dinge

Klugscheißer · Sprücheklopfer · Besserwisser